홍시 벽 마루

이복형 시집

새미

홍시 벽 마루

초판 2쇄 2003년 7월 22일 / 지은이 이복형 / 펴낸이 김태범 / 펴낸곳 **새미** / 등록일 1994.3.10 제17-271호 / 편집 이인순 · 정은경 · 조현자 · 박애경 / 마케팅 정찬용 · 황태완 · 한창남 · 김덕일 · 염경민 / 총무 김효복 · 박아름 · 김은영 · 황충기 / 인쇄 박유복 · 안준철 · 조재식·한미애 · 최미란 / 인터넷 정구형 · 박주화 · 강지혜 · 김경미 / 물류 정근용 · 최춘배

주소 서울시 강동구 암사동 462-1 준재빌딩 4층
Tel : 442-4623~4, Fax : 442-4625
www.kookhak.co.kr E-mail : kookhak@orgio.net
ISBN 89-89352-50-9 03810 가격 5,000원

· **새미**는 **국학자료원**의 자매회사입니다.
· 저자와의 협의하에 인지는 생략합니다.

홍시 벽 마루

이복형 시집

글 머리에

처음 썼을 땐 감동스러웠지만
조금만 지나면 부끄러움투성이로 변하고 마는
나만의 시세계
매일매일 묻어나는 스스로의 행복으로
새롭고 엷게 쌓여만 가는 자유, 거울 속 들여다보듯 탐
삶의 투명성을 해갈하는 단비에 낯설게 흘려 보내는 오
습작의 세월을 헤어보니
어언 십여 년, 그동안 가슴이 부르는 대로
받아 적어놓은 글들을 정리해 보니
제법 편수가 많았다.
작품 한 편 한 편에 정겹고
가슴 싸한 느낌이 아니 들 수 없음을 고백한다.
하여, 일부 작품들을 엮어 모양새를 갖추는 일도
의미 있는 일이 아닐까 생각하기에 이르렀다.
시원하고도 긴장되는 묘한 기분을 한꺼번에 느끼며
지난 생각을 깨끗이 비워내고 나면
새로운 빛깔의 나로 거듭나리라는 희망에,

가슴을 열어두면서

『홍시 벽 마루』 첫 시집이 나오기까지
도움을 주신 모든 분들께 고마움을 전하면서 특히
격려와 용기를 부어주신 채수영 교수님께
깊은 감사를 드립니다.
오남매 자식 사랑과 이웃사랑에
온 정성을 다하신
아직도 투병 중에 계신 친정아버지께
이 시집을 전해 올리면서
나를 키워낸 모든 고통, 슬픔, 비애, 회한
이 모든 시간에 감사한다.

2001년 초하에,
이복형

차 례

제1부 슬픈 편지

제2부 야생화

제3부 소요산 언저리

제4부 홍시 벽마루

▶ 이복형의 시 해설

제1부 슬픈 편지

슬픈 편지

벗은 나무들,
밤이 지날수록
시름으로 돌아눕는
단풍잎들,
무서리는
마지막 단풍잎을
품는다

도자기

흙을 빚으며
어엽디 고운 모양새
매디마다
애절함
빛바랜 가마속
마음 기다리며
태고와
산고 속에서
인내의
그윽한 자태
기지개켜면서
지그시
고운 나래 여미네

분청속에 학이 날고파서

깊은
심경에 빠진
백학 한 마리
무아지경
날개 잡힌 고독을
휘엉청
달밝은 노랫소리에
가을밤
털어마시며
그림속
마주한 푸른 노송
심심찮은 타인의
시선만큼이나
박힌 여백
저마다의 유토피아를
꿈꾸어갈 때
벌거벗은 가을 넋두리
추상(秋霜) 젖어 들때면
아마도 난
한순간에

조각난 사금파리로
영영 잠들어 버리겠지

빨래터

움추려 흐르던 샛강
사철반기는 들길따라
봄볕 가득한 빨래터에
추억을 모아
여인의 손끝에 묻어나는
정갈한 아낙터, 타넘는 물소리
초여름의 영상으로 아로새겨
굽이굽이 젖어내린
사연들따라
세월 넘실넘실
갇혔다 다시 흐르는
여인의 맥박

성 숙

둥지고
바라온 세월
목이 긴 사슴인가
투명한 가슴을
흠모하더니
이젠
밀린 자유를 퍼올린다
회한의 여로 속에서
맞물린 기다림을
홀연히 털면서
이내
역류하는 교차로에서
오늘도 다시 익명된
삶을 두드린다

좁은 세상

세상은
점점
좁혀지는
포장된
상자
무엇이 살아있을까?

궁금한 상자
비밀이었지만
다시 풀다보면
다시
꼭꼭 감추어
포장하는 겹겹

어머니

세상엔
온통 젖빛에 물든
카네이션 물결
오늘따라
더욱 더 큰 당신의 사랑 출렁이는
세상 바다에
은밀한 가슴밭
가슴에

빛나는
사랑
우리는
언제나 당신에게 돌출하는
철부지 자식으로 안겼습니다.
당신은 영원한 그루터기
우리는 수십년 나이테에 박힌
검은 옹이

기차역

가든지
오든지
뿔뿔이 떠나보는 이들이
어디론가
티켓 한 장으로
시간을 사놓고

기적소리
담아오는 레일 위에
살아온 인생 만큼이나
늘어선 길이 서있고
현실의 기다림이
이만큼 메워드는 속도감
차례 차례 나를 스친다

자정 이후에……

고된 낱알들의
엎드린 밀어들이
연속 줄달음 쳐오는 헛구역질로
시간들의 조각난 외출과
정지된 하룻속에 풍경들이……
오르락 내리락
모조리 해부되는 낡은 꺼풀위
타다만 불면의 녹슨 각막으로
자정 이후에……
이식되는 주름진 몽유(夢遊)의 이중성

역광(逆光)

외로움증
가물키던 지루함에
때를 벗고
암벽에 매어달린
검은 날개짓
어두운 해를 입은
흑과 백의 교차
밝아오는
대역습
백주의 대역습……

월광(月光)의 미련(未練)

현을 타고 넘는
고요 속에
새어든 환한 얼굴
달빛 호숫가
맑은 고백에
아직도 뉘엿뉘엿 달려오는
환한 그림자 커오는 달무리
그속에 내 가슴 마저
고스란히 빠져드는
적막의 언덕
온 밤을 해메이다 가네

봄소식

비 내리는 창에
그리움이 고이고
문병나온 꽃내음이 따라들어와
방 안 가득 피어나고
무지개 싹 틔워
흘러가는 이 마음을 묶어
구름에게 전해다오

봄의 길목

흘러 흘러
지나는 샛바람
꼬여 내고
쌓인 눈 녹인 애달픔
진초록의 영상
넉넉한 기다림의 끝
삶이
아른대는
봄볕의 고단함이
늘, 바람자락 사이사이에서
움 틔운 꽃망울로
가만히 숨죽여 있네

사 랑

우아한 실보랏빛
봉사의 흘림체로
맑은 선율속에 묻어나던
나즈막한 소망인 듯
고운노랫소리 흘러나던
지난 시간속에서
겨울가고
봄이가고
여름또한 가버렸습니다
어느날 문득
너무나도 시리게 푸르던 날
한아름 안겨오는 화롯가의 훈훈함이
꺼지지 않는 불씨로
달궈진 이웃 사랑에
가늘게 엮인 봉사의 실타래
우묵한 꽃대궁속에
숨어숨어서
둥그레 나래펀
겨레와 민족의 상징사
따뜻함 배어나는 가슴속에

본 듯이 피인 듯이
이념의 고백아래 물들여가는
라이오니즘의 숭고한 사랑과
사랑으로 사랑하는 무궁화가
영원
영원토록 사랑의 빛 세계 속에
참봉사의 금물결로
그늘진 그 어딘가를 찾고찾아
쉼없는 낮은 울타리 되어
그저
낮고 낮게 흐르고만 싶습니다

어느새

먼산 보이면
분홍빛
저마다 피는가슴
먼들 바라보면
샛노란 마음

저마다 이득이고
일렁이는 가슴
저마다 부풀어
어스름한
추억빛
보일라치면
어느새
노란 켄트지
어느새 푸른 산

물오른 푸르름

처마가 진진토록
불평을 퍼대고
시커먼 기왓살이
흠뻑울어
드러내는
앙상한 가슴살
대지의 푸른
유혹도 마다않고
얼싸안긴 춤사위에
그리움의 알몸
두손 올려 축배하는
봄비

근신 중에

기억 속에 추락하던
존재
뱃길따라
흔들리던
섧던 마음인양
역경
동트던 지난밤 내내
부서져 내리던 몸살로
형용 못한 내마음
경이로운 짙푸름이
꿈속으로 솟구쳐
수를 놓는 그대 위한 기쁨은
눈물로 눈물로
갈매기 몸짓 춤을 추며
또 다시 불어난 파도 소리에
복제된 사랑
밀리고 치고
치고 밀리고

황금빛 여정

저편 끝자락
퇴색된 고독의
들녘
고달픈 누군가를
예찬하면서
해저문 철새들
그림자 보이며
잔잔한
황금빛 여정으로
이 가을을 보내리라

느 낌

보석처럼 피어나는 아침
꼬아 올라가는 나팔꽃의 응집도
세월 곁길따라 들여다본
하룻속에
조각난 질그릇 하나
무너지는 진한 오열로
깔려진 사닥다리 아래에
서서……

빈 밤

수없이
많은 밤을 당신께
하얗게 날리우며
반란 삭혀 내린 빈소리에도
실낱 같은
당신의 소리에도
번득이는 귀가 되어
영혼의 늪
깊숙이 파놓은
미련 앞세워
당신을 닮으려 더욱더 일어섭니다

농 악

빨주노초파남보
흥겨운 장단에
흥부네집 제비 철따라 돌아온다

빨주노초파남보
겨운가락에
돌아온 커다란 세상
웃도는 강강수월레 돌고돌아

빨주노초파남보
살아든 맥박속에
염치 불구 꽹가리
타넘는 무등속에
굶주렸던 허기로
신바람난
상쇠머리

결혼 기념일

페이지 넘기는
…… 자명종 소리

시월 이십사쪽
목이진 장미송이
웃고서서
열여덟 구비
오랜 책장안에 갇힌
진주 목걸이 주인공

제2부 야생화

진달래

여인네
속적삼이
보일 듯 보일 듯
실바람
실려오는
아련함
연분홍빛 수줍음
속살의 고백
이른 아침
안개되어
첫사랑을 잠재우리

야생화 I

그리워
숨토하는
밀월
고사목너머
별하나
숨죽인 이탈자
오솔
수풀 드나들어
진정을 묻으며
유혹에도 꿈을 먹고사는
일생
아무도 없는
그곳
홀로 머물어
피어나는
천부적인 교만

야생화 II

(숭의전 뜨락에서)

주고받는
마음
천연(天然) 속에
미망(未忘)의 여백한줌
엷은 뜨락 피어오른
자화상
들쑥날쑥……
홀연히 지고가는
연보랏빛 환상이듯
무언(無言)의 자맥질
지천으로 혼절한
보색의 화려한
홑겹이음새

단풍잎

철든
마음하나
늦은
가을집에
놀러오던날 밤
켜진
호롱불에
알록달록 밤새워
한잎
한잎
붉혀지던 정 하나

들꽃미소

새벽
알몸으로도 화목한
웃음꽃
여명
떠담는 모습에
애깃거리로 일어나는
착한 사람들
허허로운 세상에서
정겨움으로 찾아드는
별같은 아픔
들꽃의 살갗 내음에
마음을 바치우리라

분 꽃

다 저녁
굴뚝 담벼락
물들기 전
이웃들

오르내린 해걸음에
만남 틔워
해마당 끝동네 꼬마님들
사는 질서 분출하는
우리네 순간의 자화상

알로에 마른잎

정지된 연소
물
한모금
없이 동댕이 쳐진
무관심
부토된 체액 표출된 나날속
자나 깨나
손 갈길 없어 연속 복사되는 청사진속

빛
한 줄기
푸른 호흡은
끈질긴 물방울 어린 만유의
모성애 닮은
물 줄기
삼투압 현상인 듯 하여라

메 꽃

들길따라
논두렁
밭두렁
홍빛조개 속살
줄줄이
꼭다문 화려함에
산골 남정네
욕정어린 눈길
만개된
너만의 요염

패랭이꽃

두둥실 떠나는
꽃구름 타고
지금,
들판에 나가보라
철로 다리밑 혹은
옹달샘 곁
나즉이 쌓여진
오월의 진다홍 담장
정오
해맞이 머금고
활짝 치켜든
패랭이 얼굴빛
고갯목 너머
이슬비에
망중한(忙中閑)이 서려 있네

산나리꽃

개골 앞산
다소곳함
서먹 서먹
고개숙인
산고랑
숨죽어 살다
그만
기세 등등
살맛나는
소문없는 향기

돌나물

봄이 움튼다
떼지은 양지에
우리 아가 손가락 사이로
봄이
꼬까옷 비집고 나온다
우리 아가 겨드랑이 사이
줄줄이 돋아나는
미소에
수북 수북 옮겨 가는
우리 아가 걸음마
보조개 사이로 피어드는
새 봄

씀바귀

기다림에
야윈 빈 가슴
쓰디쓴 세월
모지다 못해 갈등에 지쳐버린
한 줄기
골골 흩어지는
티끌같은 배려
여기 저기
서기(瑞氣)내려
진액의 줄기
옥토에 몰려드는
타산지석(他山之石)의 미소들

코스모스

연분홍빛
새악시
말을 할까
돌아서면
저기 저
불타는 산
여울진 하늘가
청자빛 옥수
아롱진 홍조,
끝내 말못하고
떠나야 할 시간
계절이 가고 있다

그루터기

촛불 눈물도
튼 여명,
새로움
영근 밀알 한 쪽
돋아나는 부활

들국화 I

그대
멀찌기
선 소박함
사랑결에 실려와
초롱별에
빛나던
밤새운 약속
지워도 지워도 지울 수 없는
그대 빈 가슴의 터
햇살 아래
고독한 향기

들국화 II

말없이
밝혀주던 그 사연을
달빛에 물들이고
타는 마음
절로 절로
피워지는 날 밤에
안개 속
숨어버린
산내향
다가선
초상화 앞에
또 다른 님아

들국화 III

내
널 못잊어
널
부르고
널
찾고 있었다네
지난밤
꿈속에 수척해 보이던
생기없는
얼굴빛 조차도
무슨
실연이었나
어떤 삶의 바램이었던가
너무 깊이 패인 둘레가
지난날 흔적만 같아
코끝 비벼오는 짙은향
늦은 창가
홰치는 꿈결아래
아침 햇살

달개비 꽃

네 꿈둥치
사알짝 치켜든
꼬리바람 타고

또르르 말린
새벽이슬
눈망울

달빛 아래
투정 어린
노란 꽃술
달가운 속꽃이 피었나봐요

작 약

애련에 절여진
자태
함박 너스레
세월로 감싼채
벙긋
떠오른 귀태
돌아가야만 하는
긴 긴
환(環)의 세월

네잎 크로바

잠잠한 땅이 작아
서둘러 앉은키
기대인 풀섶에
돌출된
새 아침
네손 꼽아 기다리던
행운

산수유

흔들린
첫 울림
산골 아씨
노란 미소
화신들의 봄맞이

개나리울밑

열두폭 치마 엮은
새봄
초가지붕
노란 만삭
빗방울 성화에
잠못 이룬
아지랑이
연두빛 질투속에
잎들의 외출로
빛고운
소용돌이

석 류

그대
사모하는 연민에
붉혀진
조각 조각
토라진 진주
무지갯빛 함성
알알이
터져나가는
보석상

억세꽃

은빛 방향
쓸려가는 가을산
깊은 명상
이야기들로 풀어내는
하얀 눈물섬
산정 비껴가는 수많은
밤
모지락스럽게도 북받쳐오른
고뇌의 흔적

나팔꽃

지난
여름
고운 말씨
피고지던 입가에
미소
파란 잉크빛 꼬아가는 아침
엷게 기지개켜는
고함소리

칡 꽃

모성으로
서 있고 싶은 오늘
질긴 삶 만큼이나
고뇌는
이미 화려했었다

제3부 소요산 언저리

소요산 언저리

붉은 치마폭에
긴 추억
수줍은 홍조
산허리 돌아돌아
침묵하던 바위

묻어날 듯
배어나는 단풍에
나마저 물들어

옥류봉
돌계단을 밟으니
그윽한 향기로
들려오는 듯한 풍경소리

동두천의 봄

어느 봄날
찾아온 그녀가
"부귀 양생 하는 봄
봄날 내린 아지랑이"라고
속삭이며
성급히 북을 향해 달아 났다

자유의 다리

찍힌 점선
첩첩이 끝부분으로 이어져
긴장된 통곡
좌절한 듯 껴안고
숨죽인
메아리로 살아나는
그대
때를 아는지 모르는지
한숨소리만이 추를 달고
오고가는 세월의 언덕
번득이는 독수리 눈매들
자유의 깃 퍼득이는
한민족의 맥을 지키기 위해
오늘도 내일도 쉼없이 말없이
그저 그리움으로 맴돌고 있다네

유행에 밀린 수마(水磨)의 외출

낡은
호출기 한 대
가끔씩 마다
진동 되더니만
이젠
쇠했나 보나
국적없는
신제품
엘리뇨 유행에 밀려
그만 분이 났구나?
하룻밤 폭군으로
술주정 본색에
만취된 몸
헛 돌아가는 세상
무모했던 분노
억측(臆測) 이변으로
채널밖
둥둥 떠 다니는
찰름대는
물물물……

장마비의 가연(佳緣)

저
산너머
푸른 눈물 들이키며
기다림 심던
팔베게 삼아줄
그리움 마저
훌훌 벗어던진
감상의 살갗에
익어진 화답도
어느새 아득한
산등성이 앞자락에
온 몸에 목메이며
울던 나뭇잎새
배인 눈물 속에
한폭의 산수화로
접혀내린 향연

꿈길

흰 구름
수평선 구름 광장
수많은 남녀노소
백합화 같은 옷 드리우고
거대한 하늘위
찬란한 빛사이
영광스런 가슴 조아리며
승리의 팡파레 울린다
웬일인지
사랑스런 이들 뵈질않고
안타까운 이내 맘
목메이며
구름길따라 긴옷 드리운채
벗삼던 이길이
내길이던가
예전에 살던 세상간데 없고
오직
회색만면한 고요에
한걸음걸음 발걸음에
닿질 않고

오매불망
부둥켜 안는 반가움
구원의 영광 속에 감사기도 올리며
오직 세세토록
그분만의 영광뿐일세

비오는 날

가슴 가득 흐르는
여울
그리움에도
따라가 버리리
모두가 달아난거리, 보낸거리

외침으로 흐르는 물 되어 서있고 싶네
그러고 싶네

장날풍경

장바구니
끼고
돌아 돌아
풀어낸 장단
목발 두둘기는 선머슴
곧은 목청 치켜세운
정많은 떠돌이 풍장,

논바닥 갈라지듯
가뭄 덜어낸 손바닥이랑
사이사이
군데군데 봄나물이
덤으로 올라오고
순박한 장마당
신명나는 장날
오후

제4부 홍시 벽마루

칠월의 유혹

한적한 숲길 중턱
도란거리는
빗소리에 기대어
숨어숨어 익은 산딸기

고운 꿈 떨기떨기
남몰래 수 놓던 길에
산까치 산을 넘고
못이긴 새빨간 유혹에
두둥실 온 몸에 감겨오는
멀리 서 있는
칠월의 산봉우리

안개 피워내는 포구(浦口) 벤쿠버

한 도시가 말없이
물안개로 젖어지면
세월따라
돌출하는 포구
그려넣은 기억
러시아워 다리 위에
담담하게
반짝이는 네온싸인
세밑 거리를 가로질러
지중해의 꽃향기따라
날아가는 비누방울
때아닌 눈송이
하얀거리의 환상
돌돌말린 캐롤송의 그림자
지워져만 가는 쇼윈도우에
금단의 시간이
이별을 손짓하네

B.C 박물관(British Corumbia)

빈 하늘가
마구 흩어진 범선은
순백의 갈매기
만년설에 새기고
오랜 광장
고목 세월 앞자락
긴 박동으로
살아 동인채
때이른
오색의 크리스마스 네온싸인
번쩍이는 역사 앞에 서성이고
스치는 숨결마다
해묵은 먼지 날리며
숨겨진 자락만큼
뒷걸음질 쳐간다
먼옛날
개척자의 손끝에서
태어난 B.C를
세월 담장으로 타고 오르면
저멀리

울려퍼지는 구슬픈 파장은
인디언의 여백으로 살아와
원주민의 잠자는 영혼
삭혀내리는 진혼곡
'막켄나의 황금'을
불러들이는 서부의 사나이들은
광기어린 발자국만 남기고
보랏빛 유혹의 황금물결
여인네의 가슴속 깊이
떠밀려오는 연어들의 합창에
풍요로운
자연을 수놓으면
번져내린 세월을
물들인다

선상의 아침

내 고향의 밤을
새벽녘에
물안개되어
갯바람에 실려간다
낯선
한아름의 축제로
긴 여정의 꽃
가득이 피워간다

수평선 너머
허물리는 환희는
짙은 커피향의 높낮이로
녹아내린
선상의 아침
간간이
비켜서가는 푸르름의 조각들이
파랗게 섬들로 부서져 내리고
뭍의 대화보다
다소곳한 미소가
파랑새의 꿈결로

내 가슴에 날아들 때
작은 섬의 침묵들은
또 다른
아침을 기약하며
자꾸만 기울어져 간다

백설의 웨슬레

잎터진 만년설
백목련
흰무더기 첩첩 산, 산을 이루는
심상의 미로
백설의 웨슬레와 백년 가약 맺고
계곡 계곡
잔설,
흩어져 깔린 백설위로
세상 내려 앉은 현기증에
오색 찬란함
맑은 수정체
구릉마다
길숲 흔들리는 백발
마름질하는 협곡
긴 햇살
눈부신 창가 시선에 멈춘자
영상의 메아리로
잠자는 그녀의 긴 슬픔

버나비 공원에서

(Canada Burnaby Mountain Park)

설원에 잠자는
낭만의 꿈
한잎 한잎 우려내는 찻잔에
보색의 정취 다가오는
사랑의 이음줄로
손짓하는 버나비공원
불편한 지체지만
장애인의 마음은 곧
천국이라
너가 아닌 내가 아니라
결국 '우리들'이라네
따뜻한 삶의 애환 꽃피워
누구나 구별없이
흠뻑 마시며
숙연한 걸음
검게 그을린 장목사이에
이끼낀 인디언의 조각상들이
밀려오는 휠체어에 몸을 싣고
서서히 환호하네

투명 렌즈

(서울역 시계탑 앞에서)

썰물처럼 밀려온
시간 속에서
웅크린 숫자
잠시,
삼십 년 전 손목 시계 안에서
녹슨 광장이 보인다
단아한 단발머리 소녀들과
마주치던 새벽녘
안개 걷힌 희망으로
삶과 아픔이
낯익은 행인들의 미간에
벽보처럼 옮겨 붙던
서울역 광장
빈 태엽 감기듯 돌돌 말린 쥐포구이가
포장마차 주인의 허름한 면장갑 위로 찰싹붙어
그을린 시절을
카멜레온 빛 대형화면 멀티비젼 속으로
절로 바뀌어가고 있다

'신동엽' 시인의 생가에서

정오 한마당
작약, 목련, 매화, 산당화……
그저 보기 좋아서
여기 저기 아무렇게나 핀 꽃들이 아닐성싶다
부여군 부여읍내 초가안자락
모퉁이집
한눈에 알아볼 수 있었다
살핌은 없는 듯 하지만
누구인가 곱게
훈훈한 기척 속에 키 큰 감나무
초록 빛나는 시선이
다가선 우리에게
선뜻 풀어준 대문빗장
환희 살아오듯 피어지는
숨결과 어울린
산과 들
구릿빛 인연인 듯 꿈틀대며
꽃 봉우리 수다에
심어놓은 시심 한 자락

홍시 벽 마루 I

차령 고개 아랫말
구불구불
정겨움 달려가는
굴렁쇠 꽁무니

세월
매어달린
새벽 안개
유년의 그리움이 봉긋한
옛 이야기
연기 속에 정든 길

홍시 벽 마루 II

산마름
잠겨드는
해무리 저편
추억이 기웃거려
땡감 한 꼭지
할머니의 옛사랑
구구절절 배어드는
주홍빛 사태

경주, 보문호에서

어찌!
이토록 다 피우지 못할
멍자위
토해내지 못할 시커먼 메마름이
쑥쓰러워
고개 숙이던 보문호에 서서
기다리던 하늘 바라기 몇 해를
갈라진
거북 등에 새긴 깊은
원혼 달래려
텅빈 질그릇 속에
꿈틀대며
살오르며 들려오는 저 소리
우리가락 박동 속에
피어나네 피어나네
보슬보슬 보슬비에
온종일 적셔드는 내 마음의 호(湖)
밀려드는 축제

그 후에 가는 길

조상님 넋두리 번지는 빈터를
아쉬운 듯 이별하고
바람이 할퀴고간 아버님의 큰 자리
길을 잃고 헤매이며 차창에 부딛는 빗소리 따라
소리 없이 가는 마음
밀려밀려 옛고향
병풍처럼 펼쳐놓은 숲나무가
시야에 어두움을 씻겨내며
타오르는 불길 속에 연기 같은 삶
붉게 물든 산야 점점 피워오르는
산등성이……

꽃상여 가는 길 I

사흘 앞둔
일천구백구십구년
새해
흑싸리 버리듯
되돌아가신
마중길 저편
능산리 풍경화
왕릉 솔대밭
잠시,
쉬었다 가던
바람
푸르르 실린
언덕배미
또 낯선 회향의
그림자

꽃상여 가는 길 II

일흔 여덟
만장 산발한
해날깃
타다남은
향로불 연기
꽃상여 길
시린 입김
긴 얼룩
겨울산 이별조
사시사철 걷히지 않는
백색 근조(謹弔)

"참나무쟁이"에서 한나절

까마득히
어우러진 옛고향이
한마당에 주저앉아
반가움에 깨어난 버들강아지
솜털같은 그리움 세워놓고
토담골 옛집
메주덩이 널브러진 상위에
묻어나는
잃었던 향수 부르며
부르는
옷자락에 배인
흥겨운 장단

마로니에 공원으로 날아오른 새

갈빛
벤취위로
고요히 와닿는
마로니에 공원 건너 찻집
헤아즐럿 향에
아물대는
황금빛 국향
풍선 같은 가을날
하룻속에
비둘기 떼지어
아쉬움의 눈빛
먹이처럼 흩으고
새가 되어 날아가버린
물기어린 인화지에
폴라로이드 필름

푸르름의 넋

푸른 창공 펼쳐진 꿈
밀려드는 소리
너른 공간의 숨결
호젓한 푸르름의
넋, 새
회유(回遊) 하는
천성의 노래
자유의 긴 보금자리

가랑잎 타던 가을

늦가을
흐린 낙엽속
고요한 신호에
틈조인 나목들

저 건너
갈대밭 속앓이에
동서남북
타오른 욕망과
분분이 뽐내던
덫난 아픔
실연하는 말없은 별리
서서히

녹아난 프레온 가스에
질식된 탄성
가랑잎 속에 무아의 설경

아직은 물들지 못한 은행잎새

노란 축제
금빛 드레스에
가을빛
화려하게 날아든
노란나비 한 마리
무대 위에 춤을 추며
설렘 지켜가던
은행잎새
황금빛 투구
피사체로 시려오는
수동댁의 금의 환향
그 자리에
옹색한 걸음
쉰 메아리만이……

세자매 봉

(시드니 블루마운틴)

힘찬
독수리 비행 하듯
빗살 쪼갠 한낮
추락 하는 수직의
고산 늪 지대
신비속 응시
쏟아지는 레일 위에

태고의 무상함
세기의 흐름
거대한 무림 안고
잉태된 고사리도
무장된 세월
힘줄 속에 텅빈
천년의 밀서
아름드리 지켜온
소철림
옛부터
여자 셋 모이면

접시가 깨진 다더니
아마
동서 막론하고
다정히 날아와 꽂힌
깨진 세 조각
마루턱 세 자매봉
참다 못해
혼절해 버린 세 여인
벼랑 끝 취해진
산봉우리 포즈

칡꽃
모성으로
서 있고 싶은 오늘
질긴 삶 만큼이나
고뇌는
이미 화려 했었다

여심(女心)

불투명
외통길
수줍음
삼월

삼청공원에서

봄볕
떼지어 기웃대는
한적한 공원
성급한
차림새도 마다않고
삼월이 마중나와
한계단
한계단
조심 조심
새겨가는 문패달린 이름

노고단, 금마타리를 찾아서

팔월
꽈리튼 정오햇살
비석진 골따라
오르락 내리락
신나는 품바타령
시암재 뜨락 비상하는
흥겨운 자판위
엿가락처럼 휜 발걸음
저, 검은 벽바위 발톱밑
농익은 땀방울
치렁치렁
포효하는
수림의 정적
해발 아득함
촘촘히 불타는 노고단 야생화는
다닥다닥 붙어있는
뱀사골, 피아골, 평사리
환희 웃고 있는 낭떠러지끝
금빛 렌즈 안에 고이 갇힌
노오란 향기

아름다움을 찾아가는 길에서 만나는 시

채수영(문학평론가, 신흥대문창과 교수)

1. 시를 위한 모놀로그

시를 말하면 이미 시는 얼굴을 감추고 먼 곳으로 가버린다. 반면에 시에 갈증을 느끼고 시에 사랑을 보내면 시의 얼굴은 언젠가 모습을 나타내는 신기루라는 점에서 안타까운 대상이다. 누군들 시의 화려한 모습을 포착하고 싶지만 그런 소망은 언제나 희망의 언덕을 가파르게 올라야 대면할 수 있는 얼굴일지 모른다. 물론 갈증과 애달픔을 간직하면서 시를 찾아 헤매는 진정한 심마니가 되기까지는 땀과 눈물 그리고 아픔을 여과(濾過)하는 정신의 좌표가 남달라야 할 것은 사실이다. 여기서 시인의 삶은 개성적이어야 하고 또 삶을 바라보는 안목의 남다름이 필요할 지 모른다. 시인은 단순한 사물의 관찰자 혹은 필기자가 아니라 사물을 바라보면서 재창조의 임무 또한 외면할 수 없을 때, 시인에게 따라붙는 짐은 때로 시인의 운명을 고독의 분기점으로 내몰 수도 있을 것이다.

시인은 그의 삶에 시인적인 요소를 어떻게 시로 투영하는가의 여부는 전적으로 시인 자신의 정신세계를 지향하는 신념의 문제로 귀결된다. 이를 위해 그의 삶은 항상 운명과 맞서는 개성의 이름을 변용(變容)하는 길찾기에 다름이 아니다.

이제 한 시인이 어떻게 그 자신의 정신을 언어로 무늬를 짜 놓았는가를 점검하는 길로 들어간다. 이복형 시인이다

2. 정서의 말소리

1) 추억의 길은 얼마나 넓은가

추억을 반추하는 것은 인간만의 전유물일 것이다. 왜냐하면 과거와 미래 그리고 현재를 운용하는 시간의 관리는 인간만이 생각한 독특함이기 때문이다. 동물이나 우주에는 시간이 없고 오로지 본능과 질서가 있지만 인간세계에는 시간을 만들어 이를 마디로 쪼개어 문화를 형성하는 일 — 개인의 삶에서도 이런 현상은 과거와 미래 그리고 현실을 관리하는 오늘이 있어 추억과 미래를 향한 꿈을 찾아가는 길 만들기가 있게 된다.

이복형의 시는 짧은 언어 — 마치 언어를 스타카토로 처리하는 기교가 있다. 이런 현상은 잔가지를 없애는 이미지 전달의 방법일 수도 있고, 또 서정시에서 갖는 자기표현(self-expression)의 강화일 수도 있다. 이런 기교가 무엇을 뜻하는가를 분석할 이유는 없다. 왜냐하면 시는 길고 짧음에 반응하는 예술이 아니고, 오로지 시는 응축의 기술이 어떻게 독자를 향한 감동의 문에 쉽게 이르게 할 수 있는가의 여부에 달려있기 때문이다. 이를 만나는 일은 추억의 길에서 최초의 조짐을 만나게 된다.

차령고개 아랫 말
구불구불
정겨움 달려가는
굴렁쇠 꽁무니
세월
매어달린
새벽 안개
유년의 그리움이 봉긋한
옛이야기
연기 속에 정든 길

– 홍시 벽마루 1

시는 언어로 풍경화를 그리는 일이라면 이복형의 정서는 고담(枯淡)한 길로 가는 넓이를 형성하고 있다. 이런 현상은 시적인 이미지를 소화하는 능력의 문제일 뿐만 아니라 대상을 일체화하는 동일성(identity)의 현상을 지적하게 된다. 물론 동일화에는 투사와 동화가 있지만 이복형의 경우는 분방한 상상 속에서 자아(自我)화를 이룰 수 있는 방도를 알고 있다는 점에서 동일화를 위한 발상을 시로 옮긴다. 이런 현상은 시를 쓰는 길에 만나는 중요한 세계화를 의미한다. 다시 말해서 대상과 시적 자아를 어떻게 하나로 결합할 수 있는가의 여부는 결국 시인의 자질과 연결될 뿐만 아니라 시적 대상과 나를 하나로 통합하는 발상을 구체화하기 때문이다. 인용한 [홍시 벽마루]의 의미가 무엇인가는 시의 내용에 간직된 상징이지만 — 시인의 추억을 찾아가는 형태를 보이는 점 — '차령고개'의 어딘가에서 젊은 시절의 한 장면이 오버랩 된다.

추억을 찾아가는 길은 결코 하나만의 요소가 아닐 것이다. 유년의 '굴렁쇠'의 기억에 매달린 추억의 웃음은 돌아가고 싶은 아름다운 정경(情景)이고 그 시절의 그리움은 가슴 울렁거리는 '이야기'가 될 때, 오늘의 길에서 추억으로 찾아가는 아름다움이 채색된다. '연기 속에 정든 길'이라는 마무리에서 이복형의 정서는 추억의 길로 가는 시의 표정이 윤난다. 이는 상상력의 축적에서 더욱 가속되는 그리움과 만나는 여행일 것이다.

2) 정서의 유연미

시인에게서 정서를 만나는 일의 시초는 항상 나와 자연이라는 형태로 결합을 모색한다. 앞에서 말했지만 자신을 상상적으로 세계에 투사하여 — 감정이입으로 구사하는 방법이 정서를 형성할 때, 자연은 항상 주된 소재가 될 수 있다. 두 편의 시를 인용하여 이복형의 자연과 하나된 이미지를 만난다. 이는 시적인 투사(projection)로 시인의 감수성을 결합하는 이름이 된다.

철든
마음 하나
늦은
가을 집에
놀러오던 날 밤
켜진
호롱불에
알록달록 밤새워
한 잎
한 잎
붉혀지던 정 하나

— 단풍잎

가을의 이미지가 앞자리를 마련하면서 색채의 이미지를 보여(showing)준다. '마음'과 '가을' 그리고 '밤'과 단풍과 '정 하나'라는 요소 — 결국 단풍이라는 자연현상과 나의 마음이라는 두 개의 요소가 결합하여 한 편의 가을 그림을 그리게 된다.

가을의 정서는 때로 무거운 형태를 띨 수 있지만 이복형의 가을은 산뜻함으로 들어올리는 여유를 보여준다. 즉 가을밤이 '호롱불'의 정다움에 보조를 맞추면서 '알록달록'의 동화적인 추억을 심게 될 때, 선명하고 투명한 시적 분위기를 연출하게 된다. 여기에 '정 하나'의 감수성이 결합하면서 아름다움을 잉태하는 인상을 독자에게 전달할 때, 시적인 묘미는 추억을 일렁이게 한다.

두둥실 떠나는
꽃구름 타고
지금
들판에 나가보라
철로 다리 밑 혹은
옹달샘 곁
나즉이 쌓여진
오월의 진다홍 담장
정오
해맞이 머금고
활짝 치켜든
패랭이 얼굴빛
고갯목 너머
이슬비에
망중한이 서려있네

— 패랭이 꽃

4월은 준비에 바쁜 자연이라면 5월은 넋을 잃고 꽃을 피우는 일로 무색한 달일 것이다. 그만큼 감도(感度)의 깊이는 파문을 아름답게 남길 수 있는 기억의 각인(刻印)이라면 오월의 꽃들은 이름이 무엇이건 간에 화려함을 갖게 된다. 조용하고 아늑한 마을에 꽃들은 얼굴을 자랑하고 또 고개 넘어 이슬비에 젖은 패랭이꽃의 자태로 한껏 아름다울 때, 비로소 그 이면에 숨어있는 인간의 넉넉한 모습을 느끼게 된다. 이런 함축미는 곧 시인의 감수성을 안으로 숨기면서 보여주는 기교가 될 것이다.

모든 예술은 설명하는 감수성보다는 보여주는 단순성에서 사물의 살아있음을 느끼게 된다. 이복형의 시적 기교는 제유(synecdoche)에서 보다 선명한 이미지를 구축한다.

두 편의 자연물에서 시인의 정서는 보다 선명함을 위해 감춤의 미학을 동원하였기 때문에 안으로 파고드는 느낌을 생성하는 것도 기대치를 상승하는 요인의 하나가 될 것 같다. 다음 시는 이복형의 정서를 가장 함축하는 작품으로 보인다.

흙을 빚으며
고운 모양새
매디마다
애절함
빛바랜 가마 속
마음 기다리며
태고와
산고 속에서
인내의
그윽한 자태
기지개 켜면서
지그시

고운 나래 여미네

— 도자기

불과 아픔 그리고 오랜 시간의 인고(忍苦) 속에서 도자기라는 물상은 형태를 갖춘다. 이런 이치는 삶의 경우를 대입해도 하등에 다름이 없을 것이다. 향기를 갖기까지는 아픔과 고통 그리고 삶의 처절한 통증을 지불하고 난 다음에 행복한 향기를 발산할 수 있는 것과 같이 한 종류의 도자기에서도 그런 진리를 내포하게 된다.

여기서 도자기와 삶의 원리는 다른 길에 있음이 아니라 하나 속에 진리로 나아가는 길을 동시에 유추하게 된다. 이복형의 의식은 이런 현실을 시의 말미에 '고운 나래 여미네'의 결과로 보여준다.

시인은 언어라는 도구를 이용하여 그림을 그리면서 음악을 작곡하고 또 의미의 숲을 만들어야 한다. 한 편의 시에는 이러한 요소들이 유기적으로 결합하여 감동을 잉태하는 기교를 만들기 위해서는 분석적인 것보다는 종합의 맥락을 결합하는 큰 시선의 확보가 전제되어야 한다. 가령 도자기에서 삶을 환치(換置)하는 예는 언어적인 비유에 한 할지라도 도자기의 아픔이 인생의 아픔과 결부되기 위해서는 비유에서 파생되는 전이(轉移)의 운용을 터득해야만 가능한 일이다. 이복형의 시는 앞으로 이런 점에 더욱 집중한다면 보다 선명한 언어의 코러스를 지휘할 수 있을 것이다.

3) 식물성 정서와 시인의 품성

인간에 따라 다른 개성을 갖고 있고 또 여기서 각기 다른 감정의 파문을 생성하게 된다. 다시 말해서 시인이 어떤 쪽에 관심을 갖는가의 여부 — 하늘을 좋아하는 사람의 개성과 바다를 좋아하는 사람의 개성과 꽃을 좋아하는 사람의 성격을 같은 항목에 편입할 수는 없을 것이다 왜냐하면 각기 다른 경험의 각도에 따라 결과를 만날 수 있기 때문이다.

이복형의 관심을 섬세한 식물성에 관심이 있다. 물론 그의 시에 여행에 관한 것은 이방(異邦)적인 관심이지만 그가 일상적으로 나타내는 시적 관심은 꽃에 연관된 이미지가 주류를 이루고 있다.

지난
여름
고운 말씨
피고 지던 입가에
미소
파란 잉크빛 꼬아가는 아침
옮게 기지게 켜는
고함소리

– 나팔꽃

포말리즘의 형태를 취하고 있음이 무엇을 뜻하는가는 의문이지만 — 나팔꽃인가 아니면 마름모꼴의 기도인가? 어떻든 [나팔꽃]에서 연상되는 이미지는 조용한 꽃에서 함성을 듣는 난만(爛漫)한 꽃의 향연을 듣게 된다. 물론 소리의 들림은 없을지라도 다투어 피는 꽃의 형상은 소리로 전달되는 묘미를 대할 때, 아름다움의 옷을 입고 즐거워하는 행복을 상상으로 보게 된다. 특히 '고함소리'의 나팔꽃과 '파란 잉크 빛 꼬아가는 아침'의 표현은 신선감에서 시의 격조를 생동감으로 인식지우는 결과를 만나는 즐거움일 것 같다. 다시 말하면 이런 신선감은 여성적이고 또 그런 눈으로 바라본 독특함일 것이기 때문에 개성의 몫을 장악하게 된다. 이복형의 시에는 이런 묘미가 담겨져 있다.

내
널 못 잊어
널
부르고
널
찾고 있었다네
지난 밤
꿈속에 수척해 보이던
생기없는
얼굴빛조차도
무슨
실연이었나
어떤 삶의 바램이었던가
너무 깊이 패인 둘레가
지난 날 흔적만 같아
코끝 비벼오는 짙은 향
늦은 창가
홰치는 꿈결아래
아침 햇살

— 들국화 3

들에 핀 한 송이의 꽃에도 인생을 비유할 수 있는 애환의 줄거리는 있기 마련이다. 다시 말해서 외로움으로 인식되는 들국화의 가냘픈 모습에서 지난날의 흔적을 발견하고 또 삶의 바램과 애환의 숨결을 발견하는 일면, 향기의 후각과 기억의 혼합이 깊은 정감으로 남아있는 느낌을 준다. 물론 이 시의 마무리 부분에서 '꿈결 아래/아침 햇살'의 밝음으로 지향하는 정서는 곧 시인의 정서가 어디로 향하는가의 여부를 결정하는 요소가 된다. 이런 은유—명명행위는 곧 시인이 사물에 대한 인식을 강화하는 점에서 독자에게 명료한 인상을 부각할 수 있다.

3. 에필로그—아름다움을 찾아가는 길

독자가 한 편의 훌륭한 시 앞에서 고개를 숙이는 이유는 감동의 파문 때문이다. 감동의 깊이는 인간의 영혼을 흔들어 놓을 수 있기에 시인은 결국 감동의 신(神)에게 다가가는 노력을 다해야 한다. 이를 위해서는 표현과의 일체감 곧 시적 대상을 살아나게 하는 비유에 생동감을 위해 신명을 다해야 한다. 물론 시인의 일차적인 임무는 사물을 통찰하는 안목이 절대적이어야 한다. 이런 기준에서 이복형의 시는 다소 이완(弛緩)된 점도 있음이 사실이다. 그러나 이런 요소는 앞으로의 길을 확보하는 역설적인 원인이 될 수도 있을 것이다. 왜냐하면 적당한 장애요소는 발전을 위한 교사가 될 수 있기 때문이다.

이복형의 시는 함축미를 간결함으로 포장한다. 이는 그의 의식으로 대상이 포착되면 간결하게 정리하는 삶의 일면과 상통하는 느낌을 준다.

식물성 정서는 곧 정적(靜的)인 정서를 주요 함량으로 나타나는 느낌을 갖게 한다. 이는 여성적인 정서가 시의 구성요소를 형성했다는 내면 상징을 뜻하는 조짐으로 보이는 부분이기에 상상력을 더욱 완곡하게 부추긴다. 아무튼 꽃과 바람 그리고 자연을

육화(肉化)하는 시적 묘미는 시인의 삶과 별개가 아닐 것이기에 이 시인의 시가 더욱 아름답게 보이는 이유가 되는 것 같다.